소리 · 스물

BTN 출가열반절 특집
정목스님의 '나무아래 앉아서'

활성 스님,
이 시대 불교를 말하다

말한이 활성 | 대담 정목

KB220226

고요한소리

일러두기

* BTN 출가열반절 특집으로 방영된 활성 스님과 정목 스님의 대담(2019년 3월 14일, 3월 21일, 3월 28일)을 정리하였다. 일부는 녹취 원본에서 보충하였다. '고요한 소리'는 부처님의 가르침을, 〈고요한소리〉는 (사)고요한소리를 나타낸다.

* 두 분 스님 대담 외 미산 스님, 변영섭, 최순용의 인터뷰는 회색 바탕으로 구분하였다.

차 례

제1부 이 시대의 중도

정목 스님 : 스님, 작년에 서울에서 뵈었는데 그동안 어떻게 지내셨는지요?

활성 스님 : 글쎄요. 건들건들, 그냥 뭐 이리 사는 거지요.

정목 스님 : 건들건들, 하하하, 그거 아주 좋은 말씀이십니다. 세상 사람들이 좀 건들건들 할 일 없이 살면 세상이 평화로워지겠지요?

활성 스님 : 그렇게 되어야겠는데 요새 사람들이 다 너무 긴장하고 너무 경쟁하고 추구하는 바가 너무 많습니다. 아마 그러는 동안에는 세상이 안 편하겠지요.

정목 스님 : 스님, 이렇게 환영해주시고, 이 고요한 스님 처소에 난데없이 객승이 날아들어서 번잡스럽게 해드

리는 거 아닌가 싶은 마음은 있지만 오도록 허락해 주시고 환대해 주셔서 감사합니다.

활성 스님 : 아, 마침 포행 할 시간이네. 포행이나 합시다.

정목 스님 : 이 길 따라가면 되지요?

스님, 여기도 다 진달래예요. 야! 스님, 여기 진달래 필 적에 혼자 포행 하시면 기분이 어떠세요?

활성 스님 : 글쎄요.

정목 스님 : 꽃들하고 눈 좀 맞추시나요?

활성 스님 : 나는 그런 정서가 약해서.

정목 스님 : 하하, 안 그러실 것 같은데요.

활성 스님 : 지구온난화 문제, 사막화 문제, 이런 것이 나에게 좀 필요 이상으로 절박하게 느껴집니다. 이 문제에 대해서 우리 불자의 입장에서 어떻게 대처해야 옳은가? 특히 스님들 입장에서는 어떻게 대처해야 옳은가를 깊이 생각해야 하지요. 말하자면 인류에게 살

길을 열어주어야 합니다. 문제가 많다! 걱정스럽다! 그건 누가 못합니까? 어떻게든 길을 열어주어야 하지 않겠어요? 누가 열겠습니까? 말하자면 그게 고苦인데, 인류에게 고의 문제를 제기하고 해결의 길을 제시하는 것, 그것이 불교 아닙니까!

정목 스님 : 네.

활성 스님 : 그렇지요? 그러면 이 시대의 고를 해석해서, 그 길을 여는 역할을 스님들이 맡아야지요. 당연히!

정목 스님 : 네, 네.

〈고요한소리〉

정목 스님 : 스님께서 30여 년 동안 이렇게 소리 소문 없이 근본불교 경전의 역경 불사를 해오셨는데요. 〈고

요한소리〉라는 이름처럼 고요한 행보를 해오셨거든요. 제 생각에는 이 좋은 걸 좀 더 널리 홍보도 하고 사람들한테 많이 알리면 좋을 텐데 라는 생각을 했어요. 그렇게 고요하게 불사를 해 오신 특별한 이유가 있으신지요?

활성 스님 : 이유는 없습니다. 내 사정이지요. 내가 기력이 좀 부쳐서…….

처음 서울에서 〈고요한소리〉 발기모임을 할 때 입장을 밝혔듯이 내가 보기에는 당시 불교책들이 공통되게 몇 가지 결함이 있었습니다. 첫째, '한문투성이이다.' 요새 전부 한글세대인데 한문책만으로는 불교가 발전하기 바란다는 건 힘든 이야기이다. 그래서 이제 한문투성이를 벗어나겠다. 둘째, '그 당시 불교책들이 오자, 탈자투성이다.' 가급적이면 정확하게 번역하고 오자나 탈자가 없도록 최선의 노력을 다해서 화려하진 않더라도 반듯하게 만들겠다. 그리고 셋째, '불교 책값이 참 비싸다.' 책방에 물어보면 책이 안 나가기 때문에 비쌀 수밖에 없다고 합니다. 그런데 우리가 부처님 책을 펴는데 수지 타산이 맞나 안 맞나 또는 운영에 도움이 되나 안 되나 이런 것이 앞선다면 그건 불교 책을 펴내는 자세가 아니다. 불교책은 어차피 일일이 만 중생을 찾아가서 제발 좀 읽어 주십시오! 하며 권해야 할 책이지, 장사가 되도록 그렇게 책값을 붙이는 건 말이 안 맞다. 그래서 〈고요한소리〉 책자는 지금까지 내내 그때 가격 그대로입니다.

정목 스님 : 스님, 너무 싸지요. 오백 원, 천 원인데요.

활성 스님 : 팔아봐야 정말 이문이 없으니까, 취급을 잘 안 해주려고 그러지요. 지금도 많이들 불평하지요.

정목 스님 : 네, 하하.

활성 스님 : 어쨌든 〈고요한소리〉 책을 부담 없이 독자

손에 넘겨주는 것도 우리가 해야 할 일 중에 하나입니다. 그러니까 그렇게 하는 겁니다.

오백 원, 천 원이라는 〈고요한소리〉 책값은 어차피 경제 논리로는 안 맞는 거지요. 그것 또한 큰스님의 방침입니다. 부처님 말씀을 두루 함께 나누는 게 목적이지요. 그런데 스님께서는 부처님 말씀에 시중 값을 매기는 것이 내키지 않으셔서, 과거에도 그랬고 지금도 그렇듯이 앞으로도 책값은 올리지 말라고 당부를 하셨습니다.

- 변영섭

〈고요한소리〉 책자를 읽고, 아, 뭐랄까요? 야! 불교에 이런 내용이 있나? 아, 그리고 불교의 가르침이 이렇게 신선하다니! 쉽다는 말로는 표현하기 어렵고요. 왠지 이대로 실천해 가면 거기 어디에 부처님이 계실 것 같은, 아, 이게 붓다의 생생한 음성이구나! 아, 부처님께서는 우리에게 이런 가르침을 주셨구나! 라고 깨달으면서 좀 충격적이기도 했고 굉장히 신선

했지요.

- 정목 스님

〈고요한소리〉 책이 손바닥만 하니까 책방에서 세로로 꽂아 놓지 못하고 책 제목이 보이도록 가로로 진열해 놓았단 말이지요. 저 책이 뭘까? 생김새부터 그 당시 한국의 불교책과는 다른 거예요. 값도 싸지요. 그때나 지금이나 천원이 안 되는 가격이지요. 몇 권을 사서 보니까, 어, 이거는 진짜 다르다! 일종의 충격을 받았습니다. 왜냐하면 이 책들은 한문을 기반으로 한 것도 아니고 현대적인 언어로 아주 쉽게 쓰여 있었기 때문이지요. 지금은 어려울 때마다 갈 수 있는 일종의 피난처로 생각하고 있습니다.

근본불교 가르침이라면 우리나라에서는 뭐니 뭐니 해도 〈고요한소리〉 책자들이 그 중심에 있다고 생각합니다. 〈고요한소리〉는 한국 불교사 1600년의 일대 사건이고, 우리 한국 불교사에 영원히 남을 사건이라고 생각합니다.

- 최순용

중도포럼

정목 스님 : 스님께서 재작년과 작년에 〈고요한소리〉 30주년 기념 '중도中道 포럼' 행사 차 서울로 나오셨지요. 그때 그 큰 강당 좌석이 다 차고 복도에 앉을 만큼 사람들이 많았고, 또 스님 뵙기를 원하고, 한번 뵙는 것만으로도 환희심을 냈는데요. 정작 스님께서는 서울 나들이가 개인적으로 어떠셨는지요?

활성 스님 : 그때 서울에 가니까, 한 예로 지하철을 타고 안국동 역에 내렸는데 출구를 못 찾겠더라고요. 나도 오래 서울서 살았는데 그렇게 서울이 변했더군요! 새로운 건물도 많고 참 많이 변했어요. 아무튼 도시 자체가 완전히 바뀌었던데요.

〈고요한소리〉로서는 도대체 그런 큰 포럼은 처음 해보는 일이고 또 그런 자리에 앉아서 이야기하는 것 자체가 처음이었고 어떤 식으로 이야기해야 되나 주저가 많았지요. 모처럼 그렇게 모이신 분들에게 대단히 미안하지요. 기회가 있을 때마다 하는 말인데 그때마다 계속 빚을 많이 지는 것 같습니다. 중도포럼에서도 내가 조금 잘못하면 또 빚만 실컷 지는 꼴이 될 것 같았지요. 미안한 생각에 항상 쫓기는 마음이 좀 있습니다.

정목 스님 : 스님 무슨 빚을 그렇게 졌다고 생각하시는 거예요?

활성 스님 : 내 혼자 생각인데, 상대가 그런 곳에 올 때는 뭔가 기대가 있을 것이다! 그런 자리를 마련한 입장에서는 그 기대에 부응을 해주어야 맞는 말인데 그렇게 부응할 자신이 없어서 '이거 또 빚지는구나' 하게 되지요.

너무 맑으세요. 활성 스님은 당신을 드러내지 않으려 하시고, 또 그것 때문에 사실은 고요하게 계시는 것이 아닌가? 그런데 드러내지 않는다고 해서 활동을 안 하신 게 아니라 정말 조용하게 전법 활동을 꾸준히 하셨습니다.

- 미산 스님

우리 경봉 스님께서 저에게 법명을 지어주실 때 '살 활活, 소리 성聲'이라고 지어주셨지요. 나는 그 뜻을 제대로 잘 못 새겼어요. 세월이 지나면서 가만히 생각해 보니까 '살릴 활' 자라는 뜻이 아니었을까? 그걸 부탁하신 게 아닌가? 살려야 된다! 불교 중도가 이 시대에 할 일이 있겠다. 먼저, 종교를 살려야 되겠다. 또 신을 살려야 되겠다. 그리고 인간도 살리고 자연도 살려야겠다. 십 분의 일이라도, 조금이라도 할 수 있다면 부처님 두는 바둑판에 바둑알로 그냥 그렇게 쓰여지는 게 내 역할일 것이다.

- 30주년 기념 '중도포럼'에서, 활성 스님

사실 중도는 말로 설명할 때 유有에 떨어지거나 무無에 떨어질 위험이 항상 있습니다. 저는 〈고요한소리〉를 깊이 고마워하고, 〈고요한소리〉가 정말 이 시대의 중심을 잡아 주는 불교 단체이고 또 사회에 꼭 필요한 공동체라는 생각을 해 왔습니다. 그런데 제가 좌장을 맡아 앞에서 이끌어 가는 것까지 하고 싶지는 않았어요. 하지만 '중도'라고 하는 주제를 듣는 순간 '어! 이거 해야겠다!'고 했지요. 중도는 종교에 국한되지 않고, 또 시대나 어떤 사상에 갇히지 않는, 누구나 다 공감할 수 있는 주제라는 생각이 들었어요.

- 30주년 기념 '중도포럼'에서, 미산 스님

부처님 가르침의 핵심

정목 스님 : 스님, 중도포럼에서도 말씀하셨듯이 부처님 가르침 중에 가장 핵심이 되는 사성제四聖諦와 중도中

道, 팔정도八正道에 대한 말씀을 하셨는데요. 스님께서 말씀하시는 부처님 가르침의 기본을 오늘 우리 시청자들을 위해서 들려주고 싶습니다. 중도, 팔정도, 사성제를 강조하시는 그 이유를 듣고 싶습니다.

활성 스님 : 추측하건대 부처님이 처음부터 사람들을 모아놓고 무슨 대법회를 하면서 어떤 격식에 맞게 말씀을 하신 것 같지는 않고, 그때그때 만나는 사람마다 대기설법對機說法을 하신 것 아니겠습니까?

정목 스님 : 네.

활성 스님 : 부처님이 육신통六神通 중에 특히 숙명통과 천안통을 삼명三明에 넣으셨지요. 그만큼 상대를 파악하고 상대에 맞춰서 이야기하는, 말하자면 빚 안지고 이야기하는 데 굉장히 신경을 쓰신 겁니다. 그런 법문들을 후세에 모아놓은 것이 경經 아닙니까?

정목 스님 : 네, 네.

활성 스님 : 그래서 어떻게 보면 상당히 다양한 법문이 나오지요. 그때그때 상황에 따라서 대상에 따라서 다양한 법문이 나옵니다. 그러나 부처님은 시종일관하는 법문을 하셨지요. 부처님은 이 법문이 '처음도 좋고 중간도 좋고 끝도 좋다!'고 하셨습니다. 말하자면 처음, 중간, 끝이 좋다는 말은 어떤 수미일관 되는 핵심이 있다는 이야기입니다. 나는 그게 불교의 기본이라고 봅니다.

수미일관하는 그 핵심, 그 기본이 무엇인가? 팔정도입니다. 그 팔정도가 진리인 소이는 무엇인가? '내가 이것을 중요시하니까 너희도 이걸 무조건 따라라!' 하면 설득력이 없겠지요? 부처님은 당신이 깨달으신 연기緣起, 그 연기에 입각해서 불교의 핵심을 설하셨습니다. 사실상 연기가 핵심이지요. 연기는 누구나 깨닫지는 못하더라도 인식하기는 참 쉬운 거 아닙니까?

정목 스님 : 스님, 일반인들이 연기를 인식하기는 쉽지 않은 것 같습니다.

활성 스님 : 연기라고 표현하면 상당히 어렵지만 인과법因果法이라고 하면 쉽지 않습니까. 현대인들은 너무 지식 과잉이 되어서 오히려 인과법 자체도 꼬투리를 잡지요. 아주 소박하게 이야기하자면 세상사가 우연 아니면 인과인데 우연을 어떻게 믿고 살겠습니까? 그렇지 않아요? 그러니까 인과로 이야기가 정리되면 우선 생각이 정리되고 마음도 편해지고 불안감이 줄어들게 됩니다. 우연만 믿고 살아라 하면 어떻게 살겠습니까?

정목 스님 : 방향이 안 잡히지요? 우연이라고 하면.

활성 스님 : 그러니까 부처님이 인과를 설하신 것은 첫째, 사람들로 하여금 일단 좀 편안하게 살도록 해주시고 둘째, 사람들의 사유를 좀 더 체계화하도록 도와주시고, 그리하여 온갖 것이 좀 더 합리적으로 돌아가

도록 하기 위함입니다. 무질서하고 비합리적인 것보다 합리적인 게 좋지요. 합리성의 기초를 인과법에 두면 진리는 보편적인 설득력을 발휘하기가 쉽습니다. 부처님은 보편적 인과법을 연기법으로 시설施設하시고 순관·역관까지 가능하도록 가르쳐 주셨습니다. 그것이 부처님 지혜입니다. 불교는 지금 인류가 의지해야 할 최후의 어떤 가치 아닙니까?

정목 스님 : 네.

활성 스님 : 그런데 그런 측면에서 보면, 오늘날 인류가 도대체 어디에 서 있고, 무엇을 향해서 가고 있고, 불교는 무엇을 해야 하느냐 하는 것이 자연히 내 화두話頭가 됩니다. 이건 좀 허황하게 큰 소리이지요. 그런데 나는 불교라는 게 원래 그렇게 크다고 봅니다. 왜? 불교 자체가 진리니까! 보편을 이야기하니까. 여기선 맞는데 저기선 안 맞는다면 그건 진리가 아니거든요.

정목 스님 : 그렇지요.

활성 스님 : 어디서도 진리라야 하고 언제라도 진리라야 합니다. 그게 진리입니다. 지금 이 시대에 인류가 이렇게 고난이랄까 위기에 처해 있지 않습니까. 그러니 불교가 진리일진대 진리의 값을 해야 합니다. 그렇지 못하면 진리가 아니지요. 불교가 그런 진리 값을 하기 위해서 부처님은 어떤 노력을 하셨고, 지금 우리는 불교를 어떻게 생각하고 있는가 하고 자꾸 돌아보게 됩니다.

정목 스님 : 네.

중도

활성 스님 : 중생살이는 극단이라는 편견에 갇히게 됩니다. 편견은 좁은 눈입니다. 불교를 자꾸 돌아보고 편

견에 갇히기를 거부하다 보면 자연히 중도가 되는 겁니다. 그 '큰 눈이 중도!'입니다.

정목 스님 : 큰 눈! 햐, 스님 그 말씀 너무 좋습니다. 큰 눈이 중도다!

활성 스님: 중도는 이것저것 배제하고 그러다 남아있는 한구석이 아닙니다. 변이라는 것은 치우쳤다는 것이고, 치우쳤다는 것은 좁다, 갇혔다, 그런 것이지요. 안 갇혔다, 그건 큰 겁니다. 그런 측면에서 중도를 생각해야 합니다. 불교가 중도의 큰 눈으로 오늘 이 시대를 보고 나아가야 할 책임을 스스로 떠맡아야 합니다. 그것이 부처님 이래로 지금까지, 또 앞으로도 불교가 걸어가야 할 입장입니다.

정목 스님 : 네, 네.

활성 스님: 인류는 언제나 고해苦海중생으로서 업業을, 무명업無明業을 지을 것이고, 그래서 항상 쫓기고 극단

으로 내몰리면서 고생살이를 할 것입니다. '인생살이'가 아니고 '고생살이'입니다. 그 고생살이 하는 게 인류요, 범부입니다. 인간들이 '고생살이'를 벗어나서 '참인생살이'를 하도록 이끌어주어야 하는 것이 불교입니다. 그렇지요?

정목 스님 : 네, 맞습니다. 스님.

활성 스님: 그런 면에서 생각해 보면 불교가 그동안에 어쩔 수 없이 어떤 지역의 종교, 또는 어느 시대의 종교로서 상당히 치우치는 측면을 피하지 못했습니다. 불교가 항상 대도大道, 큰 가르침이라야 하는데 중도가 소홀히 되면서 어떤 때는 철학적인 사변에 치우쳐서 공리공론을 일삼기도 했지요. 그런데 어디에도 치우치지 않고 인류에게 '살길을 열어주는 가르침'은 중도입니다. 중도는 정말 '큰 눈, 큰 가르침'입니다.

정목 스님: 정말, 보편적 가치! 어디에나 진리는 적용되

는 것이지요.

활성 스님 : 예, 언제나 어디에나! 부처님 당신도 그렇게 누누이 강조하셨습니다. 팔정도가 바로 그 해결의 길이다!

정목 스님 : 해결의 길이다!

활성 스님 : 부처님은 시종일관 말씀하십니다. '문제다! 고苦다!' 문제라는 말은 고苦라는 말이지요. '고를 해결하는 길은 팔정도다, 다른 길이 없다.' 그것이 불교입니다. 이름을 중도라 붙였느냐, 팔정도라 붙였느냐, 사성제라 붙였느냐, 십이연기라 붙였느냐 간에 취지가 딱 분명합니다. '불교는 팔정도다!' 왜 팔정도냐 하면 해결의 길이기 때문입니다.

정목 스님 : 아, 팔정도가 해결의 길!

활성 스님 : 그러면 왜 팔정도가 해결의 길이 되는가? 어떤 종교, 어떤 철학, 어떤 가르침 치고 팔정도처럼 인

간에 밀착되어 있는 가르침이 없습니다. 첫째, 계戒에 해당하는 바른 말[正語], 바른 행위[正業], 바른 생계[正命]를 봅시다. 이것이 사람살이 아닙니까? 어떤 고원하고 고준한 이상이 아니라 그대로 사람살이입니다.

바른 견해[正見], 바른 사유[正思], 또 바른 노력[正精進], 바른 마음챙김[正念], 바른 집중[正定]도 모두 우리 일상과 직결되어 있고 밀착되어 있는 겁니다. 사람에게서 떨어져서 사람을 가르치면 그건 진리가 아니지요. 사실은 사람이 진리의 구현체여야 합니다. 그래야 맞습니다. 그런데 대부분의 진리들은 사람을 진리 당체로 보는 게 아니라 진리를 가르쳐야 할 대상으로 보지요. 사람을 사람으로 보는 게 아니고 진리를 가르쳐야 할 어떤 대상으로, 말하자면 학생으로 보는 거지요.

정목 스님 : 아하!

활성 스님 : 그럼 사람이란 무엇인가? 사람이 무엇인데

24

내가 이런 말을 하고, 또 그 말을 진리와 연관시키느냐 하는 겁니다.

내 인생에서 돌아보면 전부 후회스럽고, 뭐 자책까지 할 필요는 없겠지만 자책할 만한 일들 밖에 없어요. 전부 실패고, 실수고, 어리석고, 그런 것 투성인데, 딱 하나 잘한 게 있어! 출가한 게! 고거 하나! 그 외에는 없습니다.

- 활성 스님

제2부 이제는 뜻 번역을 할 때다

〈고요한소리〉라고 해서 왜 '고요한 소리'라고 했을까? 했
더니 시끌벅적하게 소리 내지 않고 우리 깊은 내면의 소리를
듣도록 하고, 그 내면의 소리를 통해서 우리가 살아가고 있는
'지금·여기'에 통찰과 그리고 따뜻한 자비로써 세상을 어떻게
이끌어 갈 것인가 하는 그런 의미로서의 '고요한 소리'라는 생
각이 요즘 와서는 더 깊이 들어요.

－ 미산 스님

〈고요한소리〉라는 이름이 참 멋지지요. 영어로는 Calm
Voice이지요. 그 이름처럼 요란스럽지 않게, 조용하게 널리널
리 부처님 원음을 전파한다는 의미이지요.

－ 최순용

우리가 선정에 들면 '고요 적정', 적정寂靜이라고 하지 않습니까? 평화로운 상태 그야말로 고요한 상태가 되는 것인데, 부처님 말씀을 따르면 오욕칠정의 세계, 탐·진·치 세계를 벗어나서 사람다운 차원에 이르게 되고 선禪에 들게 되면 고요해지는 것입니다. 고요해지는 것, 그것이 결국은 사람의 길 중에서 우리가 지향해야 할 차원이 아닌가 합니다.

- 변영섭

사람이란 무엇인가

활성 스님 : 불교는 팔정도이고, 왜 팔정도냐 하면 해결의 길이기 때문이다! 왜 팔정도가 해결의 길이 되느냐 하는 게 문제가 되지요. 어떤 종교, 어떤 철학, 어떤 가르침치고 팔정도처럼 인간에 밀착되어 있는 가르침이 없습니다.

정목 스님 : 네.

활성 스님 : 사람에게서 떨어져서 사람을 가르치면 그것은 진리가 아닙니다. 그럼 사람이 무엇인가? 사람이 무엇인데 내가 이런 말을 하고 또 그 말을 진리와 연관시키느냐는 겁니다. 사람은 심·의·식心意識이라는 마음의 체계로 구성되어 있지 않습니까?

정목 스님 : 네, 심·의·식!

활성 스님 : 그 심·의·식 중에서 의意를 가지고 있는 존재, 또는 의가 가장 중심을 이루는 존재가 사람입니다. 그런데 그 의가 무엇 때문에 중요한가? 사람이 업을 짓는 당체當體이기 때문이고, 의가 있어서 업을 짓기 때문입니다.

정목 스님 : 네.

활성 스님 : 식識은 동물도 다 있겠지요. 그렇지요? 식識은 동식물 모두가 가지고 있을 겁니다. 동물이나 식

물이 의意를 가지고 있다면 얼마나 있는지 의문입니다. 하지만 인간은 심·의·식을 가지고 있고 그중에 유별나게 두드러지는 것이 의입니다. 의! 의가 인간의 특징을 이룬다 이 말입니다.

정목 스님 : 네.

활성 스님 : 그리고 '의意'의 대상은 법法 *Dhamma*입니다. 법이란 부처님이 제시하신 진리의 체계입니다.

정목 스님 : 네, 그렇지요.

활성 스님 : 의가 있어서 인간은 진리를 알 수 있고, 진리를 이해할 수 있고 또 진리를 실천할 수 있는 가능성 그 자체입니다. 그것이 인간입니다.

정목 스님 : 아, 네. 그래서 인간으로 태어나는 게 그토록 어렵다 하는군요.

활성 스님 : 어렵기도 하지만 의미도 그만큼 엄중하지요. 의미가 큽니다.

정목 스님 : 네. 사람으로 온다는 자체가 희망이네요, 스님.

활성 스님 : 희망, 뭐 그런 이야기 자체가 결부되어서는 안 되지요. 인간은 가능성이니 희망이니 이런 차원을 넘어서지요. 우리가 몰라서 그럴 뿐이지 인간은 진리 그 당체當體이고 진리의 구현체입니다. 그래야 인간이지요.

그렇지 못한 인간은, 인간이 아닌 것이 아니라 아직은 진리를 지니고 있으면서도 그 사실을 모르는 존재라고 해야겠지요. 예를 들면 보물을 내 수중에 가지고 있으면서도 내 주머니에 보물이 있는지 없는지 모르고 있을 뿐이지요. 그래서 엉뚱하게 '돈 십 원만 주시오.' 하고 바깥에서 구하는 그런 존재와 같다는 말입니다.

정목 스님 : 네.

활성 스님: 진리의 구현체가 인간이요, 사람이라고 봅니

다. 물론 우리도 불법을 만나기 전에는 이렇게 사람을 보는 인간관이 없었지요. 나 자신도 그야말로 뭐 돈 벌려고 아침저녁으로 그렇게 뛰었으니까요. 사람에게 그런 존재 이상의 의미를 부여할 줄 몰랐지요. 하지만 부처님 법을 만나고서는 '아, 사람이란 이렇게 참 대단한 존재구나.' 했습니다. 그런데 진리의 당체인 사람더러 대단하다, 뭐 어떻다 하는 말 자체가 오히려 외람되고 건방진 이야기이지요. 만일 신神이 있다면 신보다 높은 게 사람이지요. 부처님이 신들보다 높지 않습니까? 천인사天人師, 인천人天의 스승이시지요.

정목 스님 : 네, 네.

활성 스님 : 그러면 부처님과 우리가 뭐가 달라요? 부처님은 깨달았고 우리는 못 깨달았다는 차이가 있을 뿐이지, 사람이라는 점에서는 똑같지요. 다만 깨달았느냐, 못 깨달았느냐, 즉 무명無明에 무無자가 붙었느냐,

떨어졌느냐의 차이가 있을 뿐입니다.

그런데 '무명無明'이라는 말은 그 자체가 이미 '명明'이 전제되어 있는 겁니다. 만일 명이 전제되어 있지 않다면 '무명 중생'이라고 할 게 아니라 암흑 중생이라 해야겠지요. 그렇잖아요? 암흑 중생이라 해야 맞지요. 시커멓고 빛과는 아무 인연이 없는 것이지요. 다시 말해 무명은 명明과의 관계가 전제되어 있는 것입니다.

정목 스님 : '무無'만 확 떼어 내면 되는군요!

활성 스님 : 그게 사람이지요. 말하자면 사람은 명明에 숙명적으로 연결되어 있는데 아직 인연이 닿지 않은 탓에, 과거에 업을 제대로 잘 짓지 못한 탓에, 부처님을 못 만난 탓에, 즉 법을 모르는 탓에 무명일 뿐이지요. 언젠가 부처님 법 만날 거고 만나면 무無가 마침내 떨어져 나갈 것이고, 무가 떨어져 나가면 '명明 중생'이 되겠지요.

근본불교

근대 한국불교를 대표하는 선승의 한 분인 경봉鏡峰 스님
경봉 스님을 은사로 출가한 활성 스님

도道, 진리라는 것은 우리 몸에도 있고 저 삼라만상에 모두 다 있는데, 한 생각이 미혹해서 그걸 모르고 있다는 말입니다. 도를 알면 농사짓고 장사하고 옷 입고 밥 먹고 온갖 것이 내 일이지 어디 다른 일이 있나? 하지만 요게 없는 가운데 분별하면 그렇다, 이 말이야. 모든 것이, 농사짓고 장사하는 것이 딴 일이가.

- 경봉 스님

활성 스님 : 경봉 큰스님이 마침 부산서 온 신도 두 분과 말씀을 하고 계시는데 들어가서 인사를 하게 되었습니다. 그때 하시는 말씀이 '한 생 안 난 셈 쳐라!' 무

언가 길이 열리는 것 같았습니다.

정목 스님 : 사실 경봉 큰스님으로 말씀을 드리자면 우리나라의 선맥禪脈을 이어오신 큰스님이신데, 정작 활성스님께서는 근본불교에 관심을 가지셨지요. 스님께서 근본불교를 접하시게 되고 '이게 참으로 중요한 거다.'라고 생각하시게 된 연유를 여쭤보고 싶었습니다.

활성 스님 : 예. 그걸 많은 사람이 의문시하지요. 우리 노장님 밑에서 노장님 가르침대로 공부를 해서 전통적 선사禪師가 되어야 하는데, 엉뚱한 길, 어떻게 보면 좀 외로운 길을 스스로 택했느냐 하는 그런 기분이 좀 있지요. 내가 정치학과를 졸업하고 거기서 얻은 것도 있습니다. 그게 뭐냐 하면 조금 크게 보는 거, 넓게 보는 거, 그런 건 좀 얻었습니다. 어떤 것을 보더라도 부분에 제약되지 않고 크게 생각하는 버릇이 들었습니다. 불교 역시나 나에게는 크게 넓게 보는 대상입니다. 여기

와서 몸을 담고 있는데도 불교는 객관적 관찰의 대상이 되지요.

처음 〈고요한소리〉를 시작할 때만 해도 나를 남방 외도라 하고 상당히 백안시白眼視했지요. 당시 한국 불교계에 '근본불교'를 이야기한다는 게 참 힘든 일이었고 호응을 기대할 수 없는 일이었지요. 그러거나 말거나 나는 소신이 있었습니다. 그런데 지금은 상황이 많이 달라졌습니다. 드디어 이제는 빠알리Pāli 불교도 많이 알게 되었지요. 초기에는 빠알리 불교를 한국에 소개하는 것이 목적이었는데, 어떻게 보면 기적적으로 잘 되었습니다. 물론 내 바람만으로 그리된 것은 아니지만 새로운 시대적 흐름을 따라서 커다란 반향이 일어난 것입니다. 전재성 박사와 각묵 스님·대림 스님 양쪽에서 5부 니까야 중 4부 니까야를 한국어로 번역한 것은 참 대단한 일입니다. 한국 불교의 힘찬 맥을 느끼

게 하는 그런 대작불사이지요. 그게 이루어졌습니다. 이 시점에 나로서는 당연히 '근본불교를 더욱 잘 선양해야겠다.'라고 또다시 생각하게 됩니다.

정목 스님 : 네, 스님.

활성 스님 : 그러면 근본불교의 맥이 어디 있느냐? 예를 들면 빠알리어 자체도 정체불명입니다. 아직도 학자들 의견이 분분한데, 그런 현상은 고대사에서는 흔한 일이고, 우리 입장에서 그런 학문적 부분도 물론 간과할 수는 없지요. 그러나 경전은 어떤 언어로 어떤 시대에 어떻게 엮어냈든 간에 다 엮은 것 아닙니까? 부처님은 그때그때 그야말로 대기설법對機說法을 하셨고, 그 말씀을 후세 사람들이 모아 엮은 것이 경입니다. 그러다 보니 모은 사람, 엮은 사람의 주관도 들어 갈 수 있지요. 또 시대가 흐르면서 사람들이 부처님 법을 이해하는 태도도 달라질 수 있습니다.

그런 점에서 지금 그런 문헌학적인 입장에서 따지는 것보다, 부처님 원래 가르침의 진의를 헤아려야 합니다. 부처님은 '나는 고와 고의 해결을 이야기할 따름이다.'라고 말씀하셨지요. 경에는 부처님 당신께서 직접 하신 말씀이 분명히 있을 것이고, 그 원뜻이 무엇인가 살펴보는 것이 의미가 있지 않겠습니까.

정목 스님 : 네, 그렇습니다. 스님.

이제는 뜻 번역을 할 때다

활성 스님 : 그런 입장에서 언어 번역의 단계는 일단 이루어졌다고 보고, 우리가 지금 해야 할 일은 부처님 경전을 다시 보면서 그다음 단계, 즉 '뜻 살핌'의 단계로 나아가야 합니다. '뜻 번역'을 해야 합니다. 뜻 번역이

야말로 우리의 사명입니다. 특히 한국 불교계가 짊어지고 있는 사명일 수도 있다는 것이 제 생각입니다.

정목 스님 : 뜻 번역! 네, 스님.

활성 스님 : 뜻 번역을 하려면 불교 해석의 전통에서 자유로워야 합니다. 그렇지요? 새로운 입장이 될 수밖에 없습니다. 과거 전통적 불교 해석은 어차피 그 시대 그 장소에서 어떤 주관을 가지고 이루어진 사업이니까요. 후대인들이 그 시대에 부처님 법을 어떻게 이해하고 거기서 어떤 위안과 위로를 찾았느냐 하는 것도 의미가 있지만 무엇보다 중요한 것은 그 단계를 넘어서서 부처님이 원래 말씀하신 뜻을 해석해 내려는 노력이 반드시 필요합니다. 그것이 뜻 번역입니다.

정목 스님 : 네.

활성 스님 : 부처님 당신은 눈앞에 사람을 놓고 대기설법을 하셨지만, 그 법문이 겨냥하는 바는 단지 그 사

람만이 아니거든요. 그 시대 전 인류뿐만 아니라, 오늘날 우리일 수도 있고, 미래의 전 인류일 수도 있습니다. 물론 소위 4차 산업혁명을 겪고 있는 그 와중의 인류일 수도 있습니다. 부처님께서는 인류가 앞으로 어떤 문제에 봉착할 것이고, 그리고 그 문제에 대해서는 어떤 방향을 제시할 것인가를 충분히 알고 계셨을 것이라고 봅니다. 그 때문에 지금 우리가 전 인류에게 길잡이가 되는 가르침을 경에서 찾아내야 합니다. 우리가 부처님의 지혜를 우러른다면 그렇게 하는 것이 당연합니다.

왜? 오늘날 지구상에 우리가 과거로부터 받아온 지혜의 전승이 몇 가지 있잖습니까. 인도의 전통, 중국의 전통, 서양 지중해의 전통, 나는 이 세 전통으로 봅니다. 세 문화권이 있으니까요. 그 세 문화권이 나름대로 다 맥을 이어왔지만, 오늘날 과학이 이렇게 성하다 보니까 다른 지역의 문화들은 결국은 지역적 또는 한시적인 가르침으로서의 운명을 못 벗어나고 있다고 하겠습니다.

그런데 나는 이 세 문화의 시효가 끝나간다고 봅니다. 지금 중국의 유교 문화를 가지고 인류의 어떤 보편적 갈 길에 대한 지혜라고 이야기하기는 어렵지요. 또 기독교적인 논리도 마찬가지잖습니까. 지금 서양에서 힘을 쓰고 있는 것은 서구를 받쳐온 2대 지주인 헤브라이적 지주와 아테네적 지주입니다. 그중에 헤브라이 유태 전통은 한계가 드러나고 있고, 따라서 소위 말하자면 종교의 종말과 더불어 그건 끝날 판이지요. 그러나 이성에 입각하고 또 과학으로서 맥을 잇는 아테네 전통은 현재 전 지구를 이끌고 있습니다.

아테네 전통은 20세기 초까지만 해도 굉장히 위력적이었습니다. 설득력 있고 가능성도 있어서. '아, 그렇겠다, 앞으로 과학 시대가 오겠다. 이 과학 시대가 인류의 미래를 이끌 것이다.'라고들 했지요. 그래서 모두들 서양 배우기에 대단히 열성적이었습니다. 일본이 대표적이었지요. 그야말로 탈아입구脫亞入歐해서, 아시아를 벗어나서 유럽으로 들어가서 유럽의 수제자가 되겠다, 이런 식이 아니었습니까? 그랬는데 그것이 20세기 중반에 와서 특히 원자탄이 터지면서 많이 바뀌게 되지요. 그렇지 않습니까?

20세기 초두부터 새로 시작되는 것이 양자역학인데, 그 양자역학이 결국은 뉴턴으로 대표되는 고전역학을 대체하는 상황이 벌어져 버렸지요. 참 예기치 못 했던 일이지요. 이제 양자역학 시대가 되면서 인과율 같은 것도 회의懷疑의 대상이 되었어요. 과연 인과율이 지배하느냐. 양자역학의 극미세계를 보니까 전자의 운동이니 뭐 이런 게 인과 하고는 아무 관계가 없다는 식입니다. 그래서 불확정성 원리니 뭐 이런 게 나오면서 고전역학의 확실성이 무너져 내립니다.

앞으로 이 인류가 이런 변화의 시기에 어떻게 대처해 나가야 할 것인가를 강구하기 위해 자유로운 입장에서 불교를 해석하는 능력이 필요하다고 봅니다, 나는 이것을 뜻 번역이라고 표현합니다. '언어 번역으로부터 뜻 번역'으로, 그래서 부처님의 뜻을 정말 제대로 파악하고, 경을 최대로 활용해서 이 시대를 해결하는 지침으로, 가이드로 살려내어야 한다고 보는 것입니다.

그게 1980년대 후반이었어요. 보리수잎 시리즈 제1권이 《영원한 올챙이》인데, 그 《영원한 올챙이》라는 제목부터가 특이했어요. 내 피부로 직접 느끼는 느낌, 그리고 어디 멀리 다른 먼 곳에서의 소리가 아니라, 내 삶에 직접적으로 와 닿는 말씀을 해주시는, 아! 이게 붓다의 생생한 음성이구나. 정말 놀랍도록, 뭐랄까, 눈이 확 떠지는 그런 느낌이었지요.

- 정목 스님

〈고요한소리〉의 가장 큰 특색이라고도 할 수 있는 점은 모든 작업, 모든 사업 활동이 전적으로 자원봉사에 의해 이루어진다는 겁니다. 가장 중요한 사업은 윤문, 출판, 즉 책을 출간하는 일입니다. 그뿐만 아니라 실천수행도 박차를 가하려고 합니다. 〈고요한소리〉에서 낸 책이 현재로 아흔 권 정도인데, 그 책자와 경전 읽기, 또 큰스님이 추천하시는《염신경》을 따라서 명상수행도 하고 있습니다.

- 변영섭

부처님이 누구입니까? 부처님은 결국 사람의 완성자입니다. 완성된 사람이 부처이고 아라한이지요. 부처님은 법을 주셨습니다. '나는 없던 법을 만들어서 제시했고 아라한들은 내 발자취를 따라서 걷는 사람들이다.' 부처님이 나오신 덕분에 우리 인류가 사바세계에서 살면서, 이런 시대에 살면서, 그

법이 얼마나 소중한지 느낀다면 우리가 부처님 아닌 누구에게 감사해야겠습니까? 감사! 감사! 감사! 할 수밖에 없지요.

- 활성 스님

활성 스님은 스스로에게는 굉장히 철두철미하시고 추상같이 수행하시는 분이에요. 제가 오늘 하루 종일 스님을 옆에서 따라다니며 예불하시는 모습도 뵈었고, 팔십이 넘으신 어른께서 부처님께 절하시는 모습이 얼마나 극진하신지 하나도 흐트러짐이 없이 예경하시는 그 공경심이 그대로 우러나고 정말 지극정성으로 예경하시더라구요.

제게는 스님이 보여 주시는 모습이 그대로 법이었고, 그냥 곁에서 그렇게 함께 따라 한다는 것만으로도 환희심이 났거든요.

- 정목 스님

마음챙김

정목 스님 : 오늘 오전부터 스님 포행 하시는 길 따라 포행도 하고, 예불도 드리고, 반나절 정도 스님 곁에 함께 머물렀는데, 정말, 말 그대로 고요했어요. 뭐랄까요, 이 공간에 있으면 그냥 마음챙김, 사띠*sati*가 저절로 된다는 생각이 드는데요. 그 사띠라는 용어를 사실 〈고요한소리〉에서 처음으로 마음챙김이라고 번역하지 않았습니까? 마음챙김이 어떤 걸 이야기 하는 것인지 일반인들을 위해서 말씀해 주시면 좋겠는데요.

활성 스님 : 예. 아주 중요한 이야기입니다. 예를 들면 부처님이 출가하시고 나서 찾아간 스승은 아알라아라 까알라아마와 웃다까 라아마뿟따였지요. 그분들이야말로 당대의 선지식이었고, 또 대단히 높은 정定을 닦아서 가르치던 분들이지요. 그런데도 부처님은 '이걸

로는 충분치 않다.' 말하자면 아직 미흡하다고 생각하셨기 때문에 그 가르침을 그대로 물려받아서 그들과 함께 가르치는 것을 거부하셨습니다. 부처님 당신은 그때부터 고투를 시작하셨지요. 고행림에 가서 고행도 해보시고, 그것도 무익하다는 걸 깨달으셨습니다.

달리 말하면 누구에게도 가르침을 받을 데가 없으셨겠지요. 가르침을 받을 데가 없으니 오로지 당신 혼자서 개척을 해야 하셨습니다. 참 외로운 길이고 고독한 길이지요. 부처님이 홀로 그 길을 걸으시다가 드디어 깨달으셨습니다. 부처님 첫 법문인 〈초전법륜경〉[1]에 보면 중도中道로서 팔정도八正道를 이야기하십니다. 과연 부처님 가르침이 아알라아라 까알라아마와 웃다까 라아마뿟따의 가르침과 그 차이가 무엇인가? 이 점을 짚어

---

1 《상응부》 56:11 〈초전법륜경Dhammacakkapavattana sutta〉

보지 않을 수 없습니다. 그 차이는 팔정도입니다. 그중에서도 바른 마음챙김인 정념正念, 즉 사띠*sati*입니다.

정목 스님 : 아! 네.

활성 스님 : 아알라아라 까알라아마나 웃다까 라아마 뿟따도 계戒를 안 지켰겠어요? 아마 잘 지켰을 겁니다. 정定의 대가니까요. 그럼 무엇이 없었는가? 사띠가 없었습니다. 결론적으로 말씀드리면 그분들에게는 사띠를 통한 지혜가 없었지요. 그래서 그분들의 정을 무색계정無色界定이라고 하고, 무색계정을 심해탈心解脫의 영역으로 간주하지요. 혜해탈慧解脫과는 구별이 됩니다.

정목 스님 : 네, 심해탈!

활성 스님 : 여러 정定이 다 심해탈에 해당하는데 부처님은 거기에 무엇을 보탰는가? 그분들이 정도 계도 다 했는데 지혜가 필요하다! 그렇다면 부처님은 어떻게

하면 지혜의 문을 열 수 있는가?라는 문제에 당장 봉착하게 되었겠지요. 그 문제를 푸는 답, 즉 지혜의 문을 여는 길이 사띠*sati*입니다. 부처님이 사띠를 보태셨다는 말입니다. 그렇게 해서 팔정도가 되었고 완벽한 지혜가 되었고, 진리가 되었다고 봅니다. 그러면 사띠가 뭐냐? 보통은 사띠 삼빠잔냐*sati sampajañña*라고 합니다. 마음챙김과 알아차림이지요.

정목 스님 : 네. 정념正念, 정지正知!

활성 스님 : 그런데 정념, 정지라 할 때 흔히 정지, 즉 삼빠잔냐 쪽을 대부분 이야기하지요. 본다, 안다, 이런 쪽으로 많이 이야기합니다. 그런데 어떤 제자가 부처님에게 묻지요. '사띠 삼빠잔냐라는데 그 내용이 뭡니까?' 부처님이 말씀하셨습니다. 삼빠잔냐, 즉 정지正知는 '내가 지금 호흡을 하고 있으면 호흡을 하고 있다고 안다, 내가 걷고 있으면 걷고 있다고 안다.' '아는 것',

그게 정지, 삼빠잔냐다. 그럼, 사띠는 무엇인가? '신·수·심·법身受心法'이라고 부처님이 대단히 어려운 답을 하십니다. 사띠의 염처는 신념처身念處, 수념처受念處, 심념처心念處, 법념처法念處, 즉 사념처四念處이지요.

정목 스님 : 네, 사띠는 신·수·심·법이다.

활성 스님 : 신·수·심·법이 무엇인가? 참 답이 어렵지요? 일단, 신身은 까아야kāya, 몸입니다. 루우빠rūpa, 색色이 아니라는 말입니다. 루우빠가 아니고 까아야다! 거기에 신의 핵심이 있다고 봅니다.

정목 스님 : 몸에 대한 관찰입니다.

활성 스님 : 몸에 대한 관찰이 핵심입니다. 몸인데 남의 몸이 아니고 자기 몸입니다. 그게 핵심이지요. 자기의 몸! 그것으로 관점을 돌리는 것이 신身의 의미입니다. 몸과 색이 어떤 차이가 있는가? 루우빠, 색色은 바깥, 외경이지요.

정목 스님 : 네. 색은 외경이지요.

활성 스님 : 몸을 본다! 그것도 자신의 몸을 본다! 몸을 본다는 것은 여태까지 바깥, 외경을 살피던 것을 일단 안으로 돌리는 것입니다. 그리고 몸 안에 무엇이 있고, 어떻게 구성되어 있는가를 살피는 것입니다. 신·수·심·법, 사념처라 할 때 신은 몸에 대한 마음챙김이지요. 몸을 사띠하면서, 몸에 대해 마음을 챙기면서 실제로는 그것이 발전해서 신·수·심·법이 모두 포함되는 그런 의미에서 몸을 이야기하는 것이지, 몸만 따로 떼어서 이야기하는 것이 아닙니다.

예를 들면 우리가 호흡을 볼 때도 들숨 날숨을 '길게 들이쉰다고 안다, 길게 내쉰다고 안다, 짧게 들이쉰다고 안다, 짧게 내쉰다고 안다.'라고 하지요. 그다음에 '삽빠까아야 빠띠상웨데띠*sabbakāya paṭisaṃvedeti*'가 나옵니다. 온몸, '전신을 경험하면서'라고 보통 그렇게 번역합니다.

'전신을 경험하면서 들이쉬겠다, 내 쉬겠다', 전부 호흡과 관련된 것인데 '전신全身을 경험하면서'의 '전신'을 여러 가지 의미로 해석을 하지요. 첫째는 남방 전통으로 '호흡의 시작부터 끝까지'를 전신이라고 봅니다. 호흡을 들이쉬기 시작해서 쭉 들이쉬고 다시 내쉬고, 전신을 살피는 것이라고 이해하지요. 둘째는 말 그대로 '호흡의 신身'이 아니라 자기 몸을 그대로 '발끝부터 머리끝까지' 살피는 것을 전신이라고 해석할 수도 있습니다. 여기에 한 가지 더 나아가면 지금까지 이런 해석은 없었는데, 나는 이렇게 해석해보고 싶습니다. '명신名身 nāmakāya 색신色身 rūpakāya 모두를 경험하면서 들이쉬고 내쉰다' 그 정도로는 해석을 해야 타당하지 않을까 합니다.

정목 스님 : 〈고요한소리〉 역경원에서 따로 해석을 하나

더 추가한 거지요, 스님?

활성 스님 : 그렇지요. 그렇게 해보고 싶은 게 어쨌든 내 생각입니다. 우리가 이 사띠, 마음챙김이라는 말을 이해를 하려면 옛날에 남방 이외에 또 어떤 전통이 사띠를 어떻게 이해했는가, 번역했는가도 살필 필요가 있습니다.

당장 우리 눈에 띄는 것은 중국에서 〈아아나아빠아나 사띠 수따*Ānāpānasati sutta*〉[2]를 〈안반수의경安般守意經〉이라고 번역한 것입니다. 이게 참 주목할 만한 번역이라고 봅니다. 안반은 들숨 날숨, 즉 아아나아빠아나 *ānāpāna*의 음사音寫이지요. 그리고 수의守意의 수의는 '지킬 수守'에 '뜻 의意'입니다. 그런데 의는 빠알리어로 마나스*manas*, 마노*mano*입니다. '마노를 지킨다, 의를

---

2 《중부》 118경 〈안반수의경*Ānāpānasati sutta*〉

지킨다.'입니다. 그러니까 나는 '수의'에서 '의'가 굉장히 중요다고 봅니다. '의意에 관점을 두고 호흡을 관찰하는 것이 마음챙김, 사띠'입니다. 이 말씀도 그대로 경에 나와 있습니다. 그렇게 이해하면 마음챙김, 사띠는 다름 아닌 수의이다! 이때 의란 무엇인가? 당연히 의는 법을 아는 능력입니다. 그래서 항상 의를 지켜서 법을 아는 것이 마음챙김, 사띠다, 이렇게 해석할 근거가 충분히 있습니다.

그리고 마음챙김, 사띠를 영어로 마인드풀니스 mindfulness라고 번역하는데 마인드풀이라는 말을 풀어서 보면 마인드+풀 아닙니까? '마음 가득히' 이런 말 아닙니까? 그렇지요? 그런데 그때 마인드는 뭘까? 심心일까? 의意일까? 식識일까? 아니면 그 전부일까? 나는 의意라고 봅니다.

정목 스님 : 의意가 가장 중요한 것이기 때문에.

활성 스님 : 예, 법구경 첫 구절에 나옵니다.

"마노 뿝방가마 담마 *manopubbaṅgamā dhammā.*

모든 법에 마노[意]가 선행한다."

마음이 모든 법을 앞서가고

마음이 모든 법을 지배한다.

그러므로 마음에 의해서 온갖 행위는 지어진다.

만일 어떤 사람이 나쁜 마음으로 말하고 행동하면

반드시 고통이 뒤따른다,

마치 수레가 황소를 뒤따르듯이.

manopubbaṅgamā dhammā

manoseṭṭhā manomayā

manasā ce paduṭṭhena

bhāsati vā karoti vā

tato naṃ dukkhamanveti

cakkaṃ'va vahato padaṃ

《법구경》게송 1

활성 스님 : 그 마노[意]를 지킴으로써 법을 지키고 법을 지킴으로써 부처님 법을 지키는 게 되고, 부처님 법을 알게 되고, 부처님 법을 알면 그것이 지혜가 됩니다.

정목 스님 : 그렇지요, 스님.

활성 스님 : 그렇습니다. 지혜가 따로 있나요? 부처님 법을 아는 게 지혜지요. 이 마노[意]를 지키는 것, 즉 사띠가 바로 지혜를 닦는 가장 첩경이고, 정도正道, 바른 길이라는 말입니다. 그렇게 보면 팔정도의 나머지 일곱 가지가 모두 구족된 사람일지라도 사띠, 마음챙김이 빠진 사람은 결코 지혜가 있을 수 없습니다. 사띠가 들면 팔정도가 구족되어서 마침내 진리가 진리답게 확립됩니다.

정목 스님 : 여법하게.

활성 스님 : 예. 이렇게 해석을 해야 한다고 생각하고, 그런 입장에서 내가 마음챙김이라고 한 것도 마노

mano, 뜻 의意를 두고 한 겁니다. 마노는 뜻인데 '뜻 챙김'이라 하지 않고, 왜 마음챙김이라 했는가? '뜻 챙김'이라 하면 우리말에서 해석상 문제가 있습니다. '그 뜻이 뭐냐?' 할 때처럼 의는 의미*meaning*가 되어버리지요. 즉 마음의 지혜를 아는 능력인 '의'가 그 지혜가 알아낸 결과물인 '의미'로 이해되어 버려서 마노의 본뜻이 전혀 달라지고 맙니다. 그 때문에 뜻 챙김보다는 마음챙김이라고 하였습니다. 그래서 사띠를 마음챙김이라고 하고, 그 마음이란 마노라고 알자, 이런 이야기입니다.

정목 스님: 사띠는 아까 스님께서 중국 사람들이 〈안반수의경〉이라 번역했던 것 중에 '수의'라는 말이 사띠다. 그 말씀을 일깨워 말씀해 주시니까 훨씬 더 와 닿습니다.

제3부 사람다운 사람

사람에게서 떨어져서 사람을 가르치면 그것은 진리가 아닙니다. 진리를 알 수 있고 진리를 이해할 수 있고, 또 진리를 실천할 수 있는, 어떤 그 가능성 자체가 인간입니다. 우리가 깨닫지 못해서 그럴 뿐이지 인간은 진리 그 당체지요! 진리 구현체지요! 그리고 부처님과 우리가 뭐가 달라요? 부처님은 깨달았고, 우린 못 깨달았다는 차이뿐이지 사람이라는 점에서는 똑같다고요. 사람이 깨달았느냐, 못 깨달았느냐, 즉 무명無明에 무無자가 붙었느냐 떨어졌느냐 그 차이뿐이라.

- 활성 스님

스님 말씀은 초지일관 처음부터 끝까지 일관되게 사람을 따라가시더라구요. 그 간절하고 절절한 눈빛으로 '너 알겠니?

우리가 살아가는 이 세상 속에서 부처님 법에 대해 알게 된 게 얼마나 진귀한 거니, 너 이거 알아?' 뭐 그런 눈빛으로 나를 바라보시는데, 그 자비스러움! 아, 어른은 이런 것이구나!

- 정목 스님

나를 포함해서 뭔가 하려는 사람을 영어로 표현하면 두잉 모드Doing mode에 있는 사람이지요. 우리는 뭔가 해야 되잖아요? 한편 비잉 모드Being mode!, 존재하는 모드로 있는 분들은 그냥 존재함으로써 맑음과 향기로움, 따스함과 훈훈함이 나오지요.

- 미산 스님

사람의 길, 팔정도

정목 스님 : 인류가 지금 가야 할 길은 어느 방향일까요, 스님?

활성 스님 : 대답하기에는 좀 주제넘은 입장인데, 내가 제안이라는 용어를 가끔 씁니다. 하나의 제안이라는 의미로 '이렇게 생각해 봅시다, 검토 한번 해봅시다', 우리가 이런 식으로도 생각해 보자는 입장에서 이야기할 수밖에 없지요.

정목 스님 : 네, 그렇지요, 스님. '제안한다!'

활성 스님 : 지금까지 한 이야기도 다 그거지요. 사람이 사람다워지는 것이 과거에나 현재에나 미래에나 가장 중요한 이야기입니다. 부처님도 결국 누구입니까? '사람의 완성자!'이시지요. 완성된 사람이 부처이고 아라한이지, 무슨 다른 뜻이 아니잖습니까. 그러면 이제 우리가 사람의 본령을 되찾아야 합니다. 당장 실현은 안 되더라도 사람답게 사람 구실하며 사는 시대를 지향해서 나아가야 합니다. 사람답게 되도록 나아가는 길이 팔정도입니다. 과거에나 현재에나 미래에나 팔정도를

걷는 것이 사람이 할 일이요, 나아가야 할 길입니다.

정목 스님 : 사람이 나아가야 할 길이 팔정도라는 것을 인류가 깨달을 때까지 얼마나 기다려야 하는 걸까요? 스님!

활성 스님 : 어떻게 보면 참 비관적일 수 있지요. 사람들이 도대체 깨달으려고 들지도 않고, 깨달을 것 같지가 않으니까요. 한편 생각해 보면 불교가 세 축을 바탕으로 정립돼 있거든요. 계·정·혜, 삼학으로 정립이 되어있습니다. 이게 묘하게 지역적으로도 그렇게 편성됩니다. 예를 들면 스리랑카, 미얀마, 타이가 남방불교의 축인데, 특성을 보면 타이가 계 중심의 불교를 하고 있고, 미얀마가 정 중심의 불교를 하고 있고, 스리랑카가 혜 중심의 불교를 하고 있지요. 남방의 계·정·혜가 말하자면 자기들도 모르게 그렇게 정립되어, 짜임새를 이루고 있는 겁니다.

또 동북아 북방불교의 현황으로 보면 한국, 대만, 일본이 중심이지요. 그런데 이것도 대만이 계, 비구니들이 계를 잘 지키고 한국은 선종 중심이니까 말할 것도 없이 정입니다. 그리고 일본은 교학이 매우 성해서 혜라고 보아야겠지요. 북방에도 계·정·혜가 정립되어 있는 거지요. 뿐만 아니라 전체 지구촌 역시 가만히 보면 계·정·혜의 요소가 딱 준비되어 있습니다. 중국을 중심으로 동북아권은 불교와 유교가 발달해서 인륜이니 도덕이니 하면서 계에 치중되어 발전해온 역사를 가지고 있는 겁니다. 인도는 두말할 것도 없이 정의 나라지요. 그야말로 인도는 다들 정 전문가들입니다.

그리고 유럽과 미국 등 서구를 보면 지식이 극도로 발달되어서 정에서 나온 지혜, 즉 올바른 지혜는 아직 아니지만 메마른 지혜가 성해 있어서 어찌 보면 인류 역사상 최절정기에 이르고 있지요. 이처럼 계·정·혜가 지구촌에 딱 정립이 되어 있습니다. 그래서 지구촌 전체가 결국 계·정·혜 삼학을 닦는 그런 구도 위에서 전개되어 나가야 할 텐데, 실상은 그렇지 못한 것이 문제입니다. 기승을 부리는 자본주의가 모든 것을 휩쓸어 버리는 이런 상황을 어떻게 타개하느냐, 어디서부터 누가 어떻게 노력해서 타개하느냐 하는 것이 관건입니다.

또 한편 인류가 지금처럼 교육을 많이 받은 시대도 없잖아요? 그 교육이 옳은 교육이든 아니든 현재의 인류가 교육을 많이 받아서 사변 능력이 많이 증장되었지요. 그런 사변 능력으로 현실을 보니 '아, 이게 아닌데' 하고 모두 절망감에 빠지게 되는 겁니다.

정목 스님 : 네, 네. 오히려 많이 배워서 더 빨리 절망한다는 말씀이신 거지요?

활성 스님 : 그렇지요. 더 절망을 하게 되는 것이지요. 그래서 자살도 많이 하고 절망도 많이 하지요. 지식인

치고 절망을 안 하는 사람이 드물 정도로 그렇게 절망감에 젖어 있습니다. 그러니 우리가 아까 이야기했듯이 '사람관'을 한번 생각해 봅시다.

정목 스님 : 사람! 네.

활성 스님 : 사람이라는 존재가 겨우 좋다고 웃고 나쁘다고 절망하는, 그래야만 하는 존재인가? 사람이 그렇게 값없는 존재인가? 우리가 '사람살이'를 '고생살이'로 하는 버릇에 젖어 있어서 쉽게 절망하고, 책임을 모면하려 드니까 점점 절망적 상황으로 몰리고 있지요. 이 시대가 철기 시대의 끝이면서 정보산업 시대이고, 4차 산업혁명의 시대라고 이야기하지요. 그런데 사람들이 절망적 상황이긴 하지만 한편 새롭게 퍼져가는 것도 있습니다.

정목 스님 : 오히려 더 성숙되어 가는 게 아닐까요? 스님!

활성 스님 : 예, 성숙하기도 합니다. 그래서 요사이 명상

이 널리 퍼지고 있지요.

정목 스님 : 네. 맞습니다.

활성 스님 : 메디테이션meditation! 명상이 서양에서 꽤 인기가 있는 것도 엄연한 현실이지요. 비록 그것이 선진국 일부에서 일어나는 일이라 할지라도, 이 시대의 변화를 감지할 수 있는 어떤 단서는 될 수 있지 않겠습니까?

정목 스님 : 아, 네.

활성 스님 : 왜 하필이면 명상이 퍼져나가고 있느냐는 겁니다.

현대문화의 혼란스러움 때문에 사람들은 마음의 고요함을 되찾고 마음의 평안을 가지고 '어떻게 하면 더 현명하게 살아갈 수 있을까' 하는 고민을 했습니다.

　- 잭 콘필드, 캘리포니아주 우드케어, 스피릿 락 명상센터

　한국에서 사띠*sati*, '마음챙김'을 그렇게 중요시하고, 강하게 강조했던 적이 별로 없었습니다. 한국에서 불교 역사를 봤을 때, 우리 수행서를 봤을 때 지금처럼 사띠, 마음챙김을 그렇게 중요하게 생각하고 강조했던 적이 별로 없었습니다. 그건 중국 불교도 마찬가지입니다. 그런데 활성 스님께서는 혜안으로 이 사띠가 제대로 번역되어야지 한국의 불교 수행이 살아난다고 하시면서 법문 때마다 강조하셨거든요. 지금은 정말로 불교를 바탕으로 한 수행문화가 세계화되어 있는데, 그 세계화의 키워드가 무엇인가? 정신문화의 키워드가 무엇인가? 바로 '마인드풀니스Mindfulness', 마음챙김입니다. 요즘은 서양에서 마인드풀니스 하면 다 알아 들어요.

　　　　　　　　　　　　　　　　　　- 미산 스님

소욕지족

활성 스님 : 하필이면 어째서 명상이 퍼져나가고 있느냐? 나는 과학 시대를 사는 인류가 오히려 과학 시대를 벗어나고 싶어 한다고 봅니다.

정목 스님 : 네, 오히려.

활성 스님 : 과학을 자세히 보면 일단 자본주의와 너무 밀착되어 있어요. 그리고 역사적으로 보면 프로테스탄티즘protestantism, 캐피탈리즘capitalism, 그리고 요새 신과학에 대비되는 뉴턴에 의해 확립된 근대과학, 이 셋은 시대적으로 세쌍둥이입니다. 출발부터 서로 아주 연관이 깊다는 말입니다. 자세히 분석해보면, 이 세쌍둥이가 결국은 지금까지 인류를 끌고 오면서 오늘날의 이 상황을 연출하고 있는 겁니다.

정목 스님 : 네.

활성 스님 : 인류가 자본주의를 헤쳐나갈 가능성이 아주 까마득해 보일 정도로 우리에게 체화되어 있습니다. 자본주의가! 특히 자본주의를 지탱하는 힘이 소비문화거든요. 자본주의는 다른 게 아니라 소비촉진문화 아닙니까? 그렇지요?

정목 스님 : 네.

활성 스님 : 소비, 소비하면서 자꾸 소비욕을 부추기는 게 자본주의이지, 뭐 별겁니까? 자본주의는 인간의 탐욕에 바탕을 두고 있지 않습니까? 인간에게 탐욕이 있는 한, 자본주의는 앞으로 더하면 더했지 절대로 안 무너진다고요. 그 전개 양태가 지금 소위 4차 산업혁명으로 나타나는 거라고 봐야지요.

오늘날의 환경 문제, 지구온난화 등 절망적 상황을 연출한 것도 결국은 자본주의 아닙니까, 그렇지요? 자본주의가 추동하는 과학, 기술과학이 소비문화를 끊임

없이 추동해서 지구상에 지금 이런 환경 위기가 왔다고 봅니다.

정목 스님 : 네, 환경이 위기에 와있다고 생각하지요.

활성 스님 : 그러면 이제 이런 상황에서 인류가 그냥 과학에 이끌려가도록 해야 할 것인가? 소위 4차 산업혁명이라는 것에 대해 사람들이 매우 관심을 보이며 긍정적 부정적으로 다양하게 반응하는데, 겨우 그 차원에 머무는 것이 인류의 모습이라면 인류가 너무 초라합니다. 우리는 차원을 달리하여 사람이 사람다워야 한다는 입장에서 다시 부처님 가르침을 돌아보지 않을 수 없습니다.

정목 스님 : 네.

활성 스님 : 이제 자본주의를 단죄하는 차원은 넘어서야 합니다. 어떻게든지 극복해야 할 일이지, 더 이상 미련을 가지고 옳으니, 그르니 붙들고 매달릴 일은 아

닙니다. 그러나 실상 자본주의를 극복해내는 실현 방법은 참 어렵기 때문에 사람들이 절망하는 겁니다. 그런데 나는 이렇게 생각합니다. 결국은 사람이 환경 문제도 만들었지요. 인류의 모든 문제는 다 사람이 만든 겁니다. 그렇다면 해결책도 사람에게 있다고 봅니다. 사람이 만든 문제인데, 왜 사람이 해결 못 합니까? 해결할 길이 있습니다. 간단합니다, 소비 안 하면 됩니다!

정목 스님 : 오, 하하. 소비 안 하면 돼요? 하하.

활성 스님 : 예, 가장 간단한 답입니다. 그럼 소비 안하고 어떻게 사느냐가 문제이지요. 못 살 정도로 소비 안하는 것은 극단이니까, 그런 것은 권장할 일이 아니고, 중도적 소비를 하는 것이 가장 중요합니다. 그 길이 무엇인가? 소욕지족少欲知足! 바로 이겁니다.

정목 스님 : 아, 소욕지족! 아, 스님, 그렇습니다.

활성 스님 : 우리가 소욕지족만 제대로 인식하고 교육하

면 얼마든지 소비가 만들어낸 이 위기를 해결할 수 있습니다. 어렵고 거창한 게 아닙니다.

정목 스님 : 네, 스님이 말씀하시는 그 소욕지족으로 가는 길을 어쩌면 사람들이 찾느라고 요즘 다들 그렇게 명상에 깊이 관심을 갖는지도 모르겠다 싶습니다.

활성 스님 : 그렇지요. 명상도 하고요. 또 한편으로는 요새 쓰레기 오염 사태가 나니까 분리수거를 하는 것도 소욕지족, 소욕을 권장하는 흐름입니다.

정목 스님 : 그러네요, 스님.

활성 스님 : 큰 흐름이 도도하게 흐르고 있습니다. 큰 흐름입니다. 그런데 다만 지족을 모릅니다. 왜 만족할 줄 모르느냐 하면, 우리가 족하는 습관이 없기 때문입니다. 충분히 만족할 만한 일을 겪고도 만족하지 못한다는 겁니다.

정목 스님 : 만족할 줄 알아야 하는데, 계속 욕망에 끌

려다니는 거지요?

활성 스님 : 그렇다고 반드시 욕망을 더 추구한다는 것이 아니라, 족하고 멈출 줄을 모른다는 겁니다. 만족을 모르는 겁니다.

정목 스님 : 네, 네. 정말 지족을 알아야 되는데요.

활성 스님 : 예, 만족할 줄 모릅니다. 만족할 상태인데 만족을 안 하는 겁니다. 만족할 상태인데 만족을 모르는 것입니다. 사실 지족이 매우 어렵습니다. 그렇긴 하나 어려서부터 지족을 열심히 가르치면 됩니다.

정목 스님 : 돼요?

활성 스님 : 왜 안 되겠습니까? 그러려면 '아, 이제 나부터 줄이면 되겠다, 조금만 더 줄이자.'는 마음을 먹어야 합니다. 지족의 가치를 알려고 들지도 않고 인정하지도 않으니까 지족할 줄 모르는 겁니다. 그래서 다다익선多多益善으로 자꾸만 내닫고 말지요. 자본주의의

병폐가 다다익선 아닙니까? 많이 써라! 많이 쓸수록 경제도 일어나고 잘 산다는 건데, 그게 허구이지 않습니까. 소비를 줄이는 것을 실천하려면 일단 어떤 물건을 놓고, '요만큼만 욕망을 줄이면 될까? 요거는 너무 심한가?' 하지만 이런 식으로는 도저히 안 됩니다. 답이 안 나옵니다. 내가 족할 줄 아는지 모르는지 도대체 내게 족하는 습관이 있나 없나를 살펴야 합니다.

정목 스님 : 스스로를 먼저 살펴서. 네, 그 참 중요한 말씀이십니다.

활성 스님 : 부처님이 어디에 계시다가 여기 나오셨어요? 도솔천[知足天]에 계시다 왔지요?

정목 스님 : 네.

활성 스님 : 도솔천이 뭡니까? 지족천 아닙니까?

정목 스님 : 지족하는 하늘세계.

활성 스님 : 불교에서는 욕계欲界 육천六天 중에 족할 줄

알라고 도솔천을 설정했지요. 계戒와 정定 사이에 욕계 육천을 둔 겁니다. 정을 제대로 이루면 그게 색계色界 아닙니까? 색계에 올라가면 희열, 삐이띠*pīti*와 행복, 수카*sukha*를 누리지요? 그렇지요?

정목 스님 : 그렇지요.

활성 스님 : 희열과 행복이 나오려면, 즉 환하게 정말 속으로부터 즐거워하고 행복하고 기꺼워하는 마음을 누리려면 족할 줄 알아야 되는 겁니다. 족할 줄 알아야 정定의 단계로 들어갈 수 있습니다. 지족의 단계를 반드시 거쳐야 하는 겁니다. 부처님이 지족을 기준으로 욕계 육천과 색계를 나누어 설정해 놓은 것입니다. 그냥 좌선한다고 앉아 쪼아 부쳐서 지족천 단계를 건너뛰어 버리면 안 된다는 말입니다. 욕계 육천이 다 설해진 이유가 있는 것입니다. 모든 단계를 한 걸음, 한 걸음 걸어야 합니다.

정목 스님 : 네, 한 걸음씩.

활성 스님 : 예. 사실 불교에서는 그걸 계戒로 가르치는 겁니다. 지금은 원체 힘차게 일어난 자본주의의 힘과 과학 기술력이 합쳐져서 구조적이고 체계적으로 인류를 지배하고 있습니다. 아이들이 태어나면서부터 자본주의 앞에 노출되어 속절없이 모두 말려 들어가 결국에는 소위 '자본주의적 인간'이 되어버리는 겁니다. 부모들 자신부터도 다 그런 형편에 있으니까 부모도 못 말리고, 누구도 말릴 사람이 없지요.

이런 상황을 극복할 수 있는 길인 소욕지족은 엄두도 못 내고, 대세 앞에 그냥 휩쓸려서 그 흐름을 타고 허우적거리느라고 볼 일 못 보는 겁니다. 물에 빠져 허우적거리는 사람이 살아남기 바쁜데 다른 생각할 여유가 있겠습니까. 인간들이 오직 살아남으려는 노력만 하고 있지 않습니까. 모두가 다 돈 몇 푼 벌려고 새벽부터 뛰어나가서 허둥대지요. 그런 상황이다 보니 헤어날 길이 바로 옆에 있는데도, 또 내 안에도 있는데도 발견 못 하고, 개발 못 하고, 이용 못 하는 겁니다. 그 길을 활용 못 하는 겁니다. 바로 그게 문제일 뿐입니다.

'소욕지족'이라는 말은 어찌 보면 아주 한가하게 들리지요. 또 소욕지족으로 될 것인가 의문시하지요. 실제로 자본주의가 별 겁니까? 사람들이 절제하기 시작하면 자본주의는 결국 무너집니다. 자본주의가 대단한 힘이 있는 것처럼 보이지만 별것 아니고 허세일 뿐입니다. 환영幻影입니다. 환幻이야 환! 환은 사람들이 정신만 차리면 깨지는 겁니다.

정목 스님 : 네.

탐욕이라고 할 것도 없어요. 허욕이요. 환욕이요, 환상적 욕구이지요. 물건 보니까 그냥 습관적으로 사고 싶고, 사는 버릇은 익혔고, 절제하고 참는 버릇은 전혀 안 닦아 봤고, 그러다 보니까 그 속에 그냥 휘말려 들어가 버려서 애들에게도 그렇게 가르치고, 온 집안이 다 그렇게 흘러가고 그래서 이런 것이지, 자본주의란 별 것 아닌 겁니다.

- 활성 스님

스님은 오랫동안 일종식을 해오셨고 최근에는 사정에 따라 오후 불식을 하십니다. 그리고 새벽 예불부터, 사시 예불, 저녁 예불까지 정성을 다해 예불을 하십니다. 365일 일 년 내내 결제 기간이라고 하는 게 어울릴 정도지요. 큰 스님을 뵈면 '깊고 푸른 눈의 납자'의 모습을 느낄 수 있습니다. 그래서 이 역경원 공간도 맑은 게 아닌가, 그런 생각을 합니다.

- 변영섭

역경 작업이 이루어지는 〈고요한소리〉의 서재에서

활성 스님 : 이게 영국에 있는 빠알리성전협회PTS에서 초창기부터 100년도 넘게 계속 나오는 저널들입니다. 이것은 우리가 번역해 내는 BPS 책들입니다. 여기 이건 소중한 서적인데, 미얀마 언어로 되어 있는 삼장三藏입니다.

정목 스님 : 아, 그래요, 스님.

활성 스님 : 요게 타이에서 나온 타이 삼장입니다. 미얀마 삼장, 타이 삼장, 스리랑카 삼장입니다. 지금은 글로벌 시대인데, 이 글로벌 시대의 역경 사업은 어떻게 해야 할 것인가? 그건 시대에 따라 새롭게 달라져야 하겠지요.

우리가 2500년 전 이 땅에 계셨던 고따마 싯닷타*Gotama Siddhattha*, 부처님을 따르는 불제자들 아닙니까? 그러면 사실은 그분이 어떤 말씀을 하셨는지 당연히 숙고해 봐야 되고, 그분 가르침에 따라서 신행 생활을 해야 되는 거지요. 그런 점에서 활성 스님께서 만드신 이 〈고요한소리〉의 책자들, 〈고요한소리〉 시리즈는 누가 뭐라고 해도 1600년 한국불교사에 일대 사건이고, 영원히 우리 한국 불교사에 남을 사건이라고 생각합니다.

- 최순용

'고요한 소리'라는 말의 본뜻은 '부처님 말씀'이라는 겁니다. 〈고요한소리〉는 부처님 원음을 발굴하고, 궁구하고, 실행에 옮기고, 많은 사람들에게 나누도록 선양하는 것, 그것이 목적이지요. 〈고요한소리〉의 존재 이유라고 하겠습니다.

- 변영섭

이 세상에는 아날로그와 디지털이 공존합니다. 그런데 지금은 사람들이 너무 디지털 문화를 선호하고, 그런 문화로 너무 빨리 가고 있어요. 그런데 디지털과 아날로그가 공존하는 시대가 훨씬 조화롭고 중도적인 시대이지, 디지털만 먼저 가고 아날로그는 완전히 퇴색하는 것은 오히려 균형과 조화로움이 깨진다고 봐요. 그래서 책도 잘 보존해야 되고, 한편 디지털 문명도 도외시할 수는 없어요. 그렇기 때문에 이제 〈고요한소리〉도 조금은 변화해야 되지 않을까 합니다. 많이 변하면 안 되고, 조금 변화해서 소통할 수 있는 기제機制를 자유롭게 쓰는 건 나쁘지 않다고 봐요. 본래의 입장을 저버리지 않는, 그 소박함을 늘 간직하면서 또 접근성을 높여주는 건 꼭 필요하다고 봅니다.

- 미산 스님

열반

정목 스님 : 스님을 뵈면 스님 모습 자체가 지족하시는 모습으로 보여서 그런지 굉장히 환하게 느껴져요.

활성 스님 : 아! 면전에서 이런 말 들으면 나는 어떻게 해야 됩니까?

정목 스님 : 하하, 아무 말씀 안 하셔도 됩니다.

활성 스님 : 내가 아직 구현은 못 하고 있는데 그래야 되겠다는 생각은 요즘 많이 합니다.

정목 스님 : '출가에서 열반까지' 주간인 지금, 제가 스님을 찾아뵈었는데요. 저도 오늘 스님 말씀 들으면서 출가의 길이 무엇인가? 또 출가자가 무엇인가를 돌이켜 생각해 보았습니다. 스님 말씀처럼 '소욕지족, 지족할 줄 알아야 한다.' 그 지족하는 마음이 있으면 기쁨이 저절로 샘솟고, 기쁨이 샘솟아 나는 그런 사람이 세상 가운데 주인이 되지 않겠는가 라고 저 혼자 이런 생각을 잠시 해 봤습니다.

스님, '출가에서 열반까지'를 되새기는 주간에 해마다 방송을 통해서 스님들의 법문도 듣고 불자들에게 말씀도 전하고 있습니다. 그런데 부처님의 일생을 생각해 본다면 열반이 가장 중요한 테마가 되지 않겠습니까? 열반이 빠지고는 부처님과 불교를 설명할 수 없지 않습니까? 스님, 스님께서 생각하실 때 열반, 부처님의 열반을 어떻게 우리가 이해해야 할까요?

활성 스님 : 아주 재미있는 질문인데요. 부처님이 반열반般涅槃에 드실 때 이렇게 오른쪽으로 자세를 잡고 누워서 사띠 삼빠잔냐sati sampajañña, 즉 정념正念 정지正知를 챙겨서 반열반에 드셨거든요. 사념처四念處를 마음챙김하는 사띠가 열반에 이르는 유일한 길이라는 말이 경에 많이 나옵니다. 생로병사生老病死도 예사로 넘길 일이 아닙니다.

정목 스님 : 생로병사! 네, 그렇지요.

활성 스님 : 생-로-병-사라고 했지요. 경에 생과 사를 동격으로 같은 비중을 두고 언급을 하고 있습니다. 마

치 고성제苦聖諦와 도성제道聖諦를 같은 비중으로 두듯이 생과 사도 같은 비중을 두고 있습니다. 이것이 불교의 특색입니다!

정목 스님 : 네, 멋집니다, 아주!

활성 스님 : 예. 다른 종교나 다른 가치에서는 죽음은 끔찍한, 혐오스러운, 피해야 할 저주스러운 대상이지요. 죽음의 가치를 인정할 줄 모릅니다. 불교는 죽음을 대단히 긍정합니다. 윤회를 끝내고 다시 태어나지 않는 죽음의 완성, 그것이 열반 아닙니까?

정목 스님 : 네, 네.

활성 스님 : 그런데 왜 죽음을 거부합니까? 죽음이 두려운 사람을 위해서 얼마든지 윤회도 있고 하니까 두려워 할 것 없습니다. 우리는 부처님 따라서 반열반에 들기를 원하는 불자들이지요. 죽음을 완성하고 싶어 하는 사람들이지, 죽음을 피하려는 사람들이 아닙니다.

정목 스님 : 네.

활성 스님 : 그리고 죽음을 완성하고자 하는 입장에서 생-로-병-사에 다 같은 비중을 둡니다. 늙음도 병도 모두 똑같이 대단히 의미 있는 것이고, 사람을 사람답게 만드는 결정적으로 중요한 요소들입니다. 노-병-사老病死가 없으면 어떻게 되겠어요? 맨날 젊은 천둥벌거숭이, 사람이라 할 수 없지요. 사람은 익어야 되고, 익으려면 생-로-병-사를 거쳐야 됩니다.

정목 스님 : 그런데 왜 그토록 질병과 늙음에 대해 몸부림을 치면서 도망가려고 하는지요?

활성 스님 : 그거야 불교를 모르기 때문이지요. 하다못해 돈 몇 푼 잃어버려도 펄펄 뛰는 게 사람인데, 건강을 잃어버리고 인생을 잃어버린다면 끔찍하겠지요. 그런데 잃어버리는 게 아닙니다! 경험하는 겁니다! '노'도 경험하고, '병'도 경험하고, '사'도 경험하고, 윤회를 경

험하는 겁니다. 잃어버리는 게 아닙니다. 잃어버린다고 생각하니까 저주스럽고, 한탄스럽고, 그래서 한이 맺히고, 뭐 그리되는 겁니다.

아까도 이야기했듯이 사람은 창조주입니다. 창조주인 사람이 무엇을 잃어버립니까? 왜 잃어버립니까? 잃어버릴 이유가 없지요. 안 그럴까요? 그래서 '사람관'부터 바로 세워야 합니다. 그리고 생로병사도 더할 수 없이 소중한 경험인데 아주 편안하게 받아들여야 합니다.

정목 스님 : 스님, 제가 출가한 지 44년이 되어갑니다. 출가 후 걸어오는 길에서 이런 순간에 부처님은 어떻게 하셨을까, 항상 그걸 떠올리면서 바른길을 걸어가려고 나름 부단히 애쓰고 있지만 그래도 놓칠 때가 많아요. 내게 남은 시간이 얼마이건 마음에 부처님 모시고 출가의 길을 잘 걸어가야겠다는 그런 다짐을 다시 하게 됩니다. 오늘 스님 긴 시간 동안 피곤함도 무릅쓰

고 이렇게 끝까지 자리 함께해주셔서 진심으로 감사드리고요, 올 한해에도 부디 건강하시기를 축원드리겠습니다. 스님 감사합니다.

활성 스님 : 감사합니다. ✢

활성 스님은 스스로에게 수행은 추상같으신데, 후학과 다른 사람을 대하시며 법에 대한 말씀을 풀어 놓으실 때는 강물과 같이 유연하시구나, 그런 생각을 하면서 비록 짧다면 짧은 시간이지만 스님 곁에 있었던 오늘 하루가 저에게는 너무나 충만하고 감사하고, 이런 선지식을 뵐 수 있는 인연을 만들었다는 것이 저에게는 그지없는 행운이라는 생각을 합니다.

- 정목 스님

아아난다여!

그대 자신을 자기의 섬으로 삼을지니라

그대 자신을 자기의 의지처로 삼을지니라

남을 의지처로 기대서는 안 되느니라

법을 섬으로 삼고 굳게 붙들지니라

법을 의지처로 삼고 굳게 붙들지니라

다른 어떤 피난처에도

의지하려 들어서는 안 되느니라

아아난다여!

지금도, 내가 간 다음에도

누구든지 자신을 섬으로 삼아야 할 것이며

자신을 의지처로 삼아야 할 것이며

어떤 바깥 피난처에도

의지하려 들어서는 안 되느니라

아아난다여!

이렇게 하는 사람들이 바로 내 제자들 중에서도

가장 높은 경지에 이른 사람이 될 것이니라

다만 그들은 모름지기 향상하려는 의욕으로

충만해 있어야 하느니라

- 《대반열반경》[3] 중에서 -

---

3 《장부》16 〈대반열반경 *Mahāparinibbāna sutta*〉 II권 100-101쪽

━━━━ 말한이 **활성** 스님

1938년 출생. 1975년 통도사 경봉 스님 문하에 출가.
통도사 극락암 아란야, 해인사, 봉암사, 태백산 동암, 축서사 등지에서
수행정진. 현재 지리산 토굴에서 정진 중. 〈고요한소리〉 회주

━━━━ 대담 **정목** 스님

1960년 출생. 1976년 광우 스님을 은사로 출가. 정각사 주지,
유나방송 대표. 미국 티베트 미얀마 스라랑카 등지에서 명상 공부.
1990년 FM불교방송 '차 한잔의 선율' 진행. 2007년 유나방송
개국 후 62개국 7만 회원에게 마음공부의 길 안내. BTN '나무아래
앉아서(2013.9~2020.4)' 진행

─── 〈고요한소리〉는

○ 붓다의 불교, 붓다 당신의 불교를 발굴, 궁구, 실천, 선양하는 것을 목적으로 설립되었습니다.

○ 〈고요한소리〉 회주 활성스님의 법문을 '소리' 문고로 엮어 발행하고 있습니다.

○ 1987년 창립 이래 스리랑카의 불자출판협회BPS에서 간행한 훌륭한 불서 및 논문들을 국내에 번역 소개하고 있습니다.

○ 이 작은 책자는 근본불교를 중심으로 불교철학·심리학·수행법 등 실생활과 연관된 다양한 분야의 문제를 다루는 연간물連刊物입니다. 이 책들은 실천불교의 진수로서, 불법을 가깝게 하려는 분이나 좀 더 깊이 수행해보고자 하는 분에게 많은 도움이 될 것입니다.

○ 이 책의 출판 비용은 뜻을 같이하는 회원들이 보내주시는 회비로 충당되며, 판매 비용은 전액 빠알리 경전의 역경과 그 준비 사업을 위한 기금으로 적립됩니다. 출판 비용과 기금 조성에 도움주신 회원님들께 감사드리며 〈고요한소리〉 모임에 새로이 동참하실 회원을 기다리고 있습니다.

○ 〈고요한소리〉 책은 고요한소리 유튜브(https://www.youtube.com/c/고요한소리)와 리디북스RIDIBOOKS를 통해 들으실 수 있습니다.

○ 〈고요한소리〉 회원으로 가입하시려면, 이름, 전화번호, 우편물 받을 주소, e-mail 주소를 〈고요한소리〉 서울 사무실에 알려주십시오. (전화: 02-739-6328, 02-725-3408)

◦ 회원에게는 〈고요한소리〉에서 출간하는 도서를 보내드리고, 법회나 모임·행사 등 활동 소식을 전해드립니다.

◦ 회비, 후원금, 책값 등을 보내실 계좌는 아래와 같습니다.

국민은행	006-01-0689-346
우리은행	004-007718-01-001
농협	032-01-175056
우체국	010579-01-002831
예금주	**(사)고요한소리**

━━━ 마음을 맑게 하는 〈고요한소리〉 도서

금구의 말씀 시리즈

소리 시리즈

법륜 시리즈

보리수잎 시리즈

붓다의 고귀한 길 따라 시리즈

하나	불법의 대들보, 마음챙김 *sati*

단행본

하나	붓다의 말씀
둘	붓다의 일생

소리 · 스물

활성스님, 이 시대 불교를 말하다

초판 1쇄 발행 2019년 9월 30일
초판 2쇄 발행 2023년 3월 30일

말한이	활성
펴낸이	하주락·변영섭
펴낸곳	(사)고요한소리
제작	도서출판 씨아이알 02-2275-8603

등록번호	제1-879호 1989. 2. 18.
주소	서울시 종로구 인사동길 47-5 (우 03145)
연락처	전화 02-739-6328 팩스 02-723-9804
	부산지부 051-513-6650 대구지부 053-755-6035
	대전지부 042-488-1689
홈페이지	www.calmvoice.org
이메일	calmvs@hanmail.net
ISBN	978-89-85186-28-5 02220

값 1,000원